entrée
paléo-
lithique
entrée
1940
entrée
actuelle
salle des
taureaux

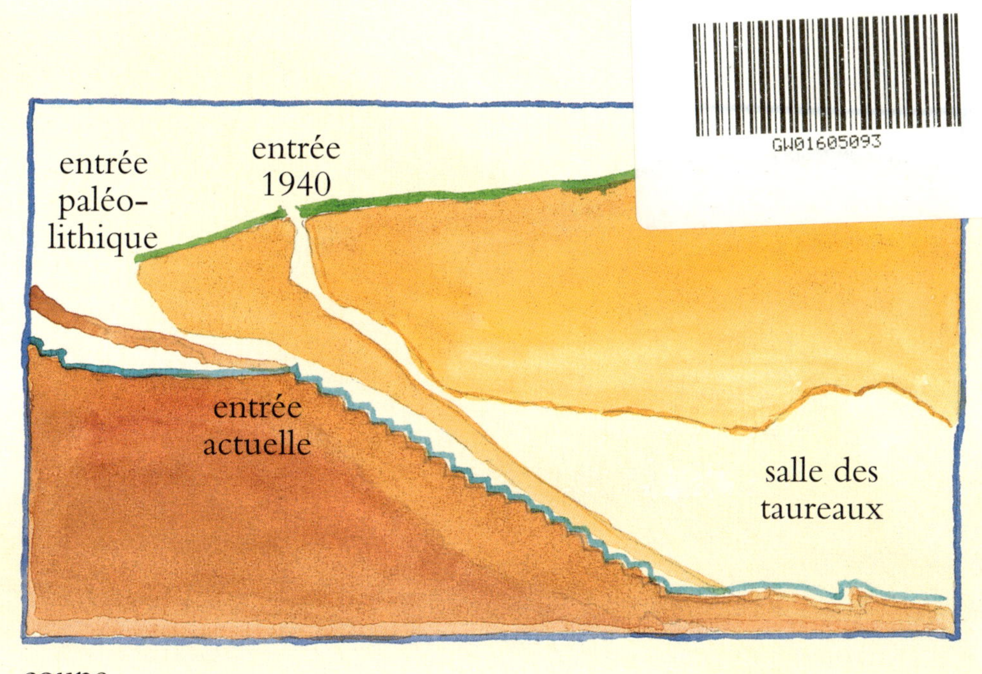

coupe

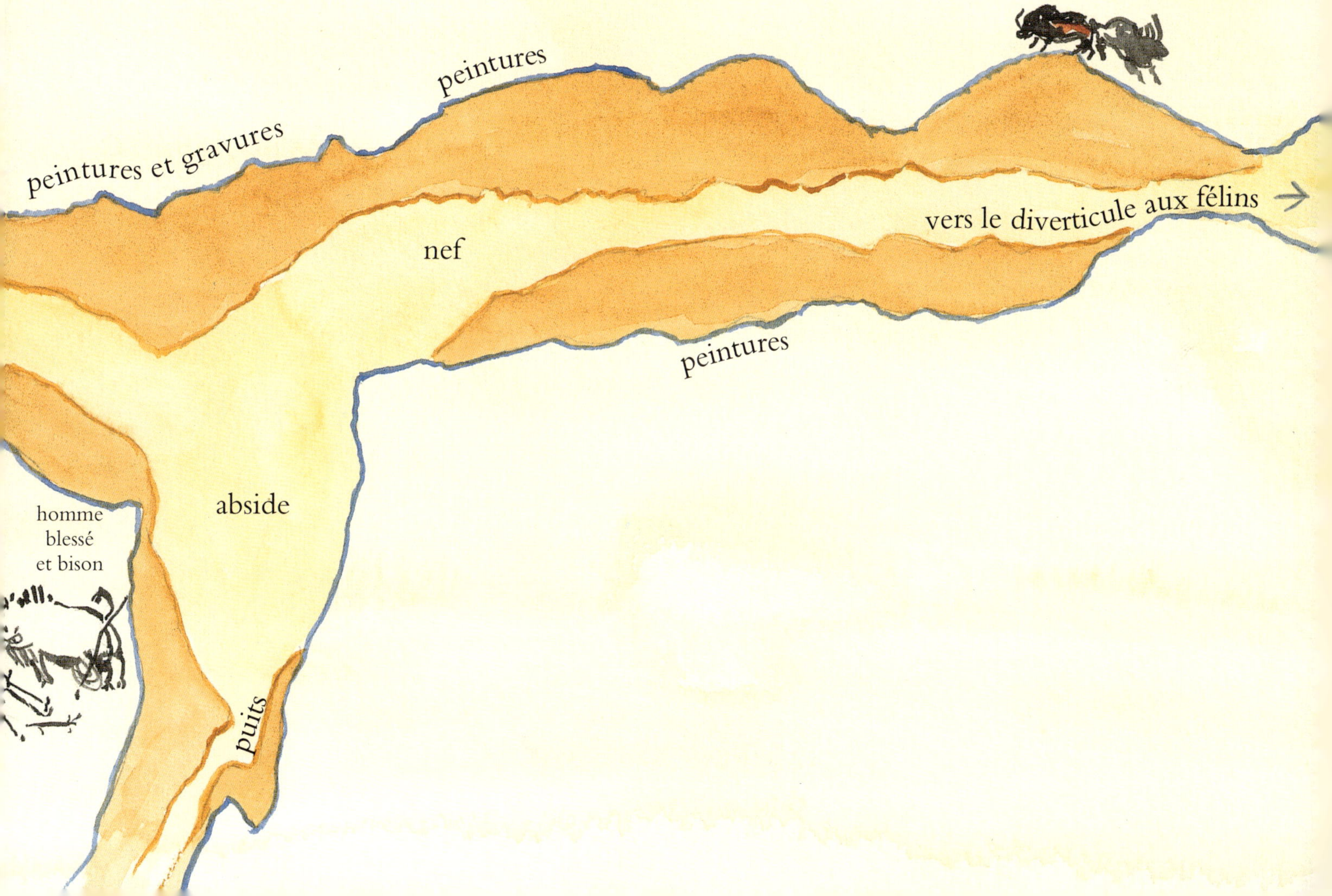

peintures
peintures et gravures
nef
vers le diverticule aux félins →
peintures
abside
homme
blessé
et bison
puits

Emily Arnold McCully

Lascaux

la découverte de la grotte

ARCHIMÈDE
l'école des loisirs
11, rue de Sèvres, Paris 6e

Pour Liz

Traduit de l'anglais (États-Unis) par Marie-Hélène Sabard

ISBN 978-2-211-**20589**-4
www.ecoledesloisirs.fr
www.ecoledesmax.com

Titre original : « The secret cave: discovering Lascaux » (Farrar Straus Giroux, New York, États-Unis)
Loi n° 49.956 du 16 juillet 1949 sur les publications destinées à la jeunesse : octobre 2011
Dépôt légal : octobre 2011
Imprimé en France par Clerc s.a.s. à Saint-Amand-Montrond

PÉRIGORD NOIR
Brive
Montignac
R. Vézère
Les Eyzies
Sarlat
R. Dordogne

Jacques Marsal avait un instituteur, M. Léon Laval, qui collectionnait les os et les outils en pierre datant de la préhistoire, qu'il trouvait dans la campagne autour de Montignac, la ville où ils habitaient tous deux. Ces ossements et ces outils fascinaient Jacques. Il aimait imaginer les premiers hommes, ceux qui vivaient du temps où les mammouths, les bisons et les rennes parcouraient les collines escarpées qu'il connaissait si bien.

Un jour, M. Laval emmène sa classe à Font-de-Gaume, une grotte préhistorique découverte une trentaine d'années plus tôt, en 1901. À mesure qu'ils progressent dans un étroit passage, les enfants voient des dessins représentant des animaux. Ils semblent flotter sur les parois de la grotte avant de se fondre dans l'obscurité.

– Mes enfants, voici la naissance de l'art, chuchote M. Laval. Pour nos lointains ancêtres, cette grotte était un lieu sacré.

Jacques remarque une date et un prénom griffés dans la pierre.

– Qui a fait ça ? demande-t-il.

– Il y a des années, répond M. Laval, les gens ne savaient pas que cette grotte était sacrée, alors ils ont ajouté leurs marques à eux. Ils l'ont profanée.

1940. Jacques a quelques années de plus. La Seconde Guerre mondiale a commencé. L'armée allemande a pénétré en France et occupe Paris. Le gouvernement français s'est rendu, mais la ville de Montignac se trouve dans le Sud, dans la zone libre, cette partie du pays que les nazis n'ont pas encore envahie.

Jacques a deux grands copains : Georges Agnel, surnommé Jojo, un Parisien qui, chaque année, vient passer ses vacances à Montignac chez sa grand-mère, et Simon Coencas, un jeune garçon juif, lui aussi originaire de Paris. Les trois amis jouent à la guerre avec des petits réfugiés lorrains logés dans une ferme à l'extérieur de la ville.

Le 12 septembre – c'est encore les grandes vacances –, Jacques, Jojo et Simon se cachent dans les collines, prêts à riposter à une embuscade de l'« ennemi ». C'est alors qu'ils aperçoivent un « grand », Marcel Ravidat, sur le chemin en contrebas.

– Marcel ferait une bonne recrue pour notre camp, dit Jacques. Hé, Marcel ! crie-t-il. On joue à la guerre contre les Lorrains. T'es avec nous ?
Marcel éclate de rire.
– Des jeux de gamins, tout ça !
Il leur montre les deux lampes de fabrication artisanale qu'il transporte, s'approche et baisse la voix pour expliquer :
– L'autre jour, Robot, mon chien, creusait un trou près d'un arbre déraciné. Et tout d'un coup, pfuit ! le voilà qui disparaît. Vous ne devinerez jamais où il était…, ajoute le jeune homme, les yeux brillants.
– Non, où ça ? demandent les garçons d'une seule voix.

– Il était tombé dans un trou très profond. Très très profond. J'ai eu un mal fou à l'en sortir, mais je crois bien qu'il a découvert l'entrée du tunnel du comte !

– Qu'est-ce que c'est ? fait Jojo.

Jacques lui répond :

– Une vieille histoire qui se raconte par ici : un noble du coin aurait creusé un souterrain partant de son château pour y planquer son or. Allez, les gars ! on laisse tomber les Lorrains pour aider Marcel à trouver le trésor !

Marcel les conduit à l'arbre couché. Avec le coutelas du jeune homme, ils tranchent les racines et agrandissent le trou jusqu'à ce qu'il permette le passage. Marcel s'y glisse alors et disparaît dans un fracas de pierres qui s'éboulent.

Puis, du fond de la cavité, sa voix parvient aux garçons. Elle crie :

– Venez voir.

Jacques, Jojo et Simon ripent au fond du goulot et atterrissent sur un tas de cailloux. Impossible de se tenir debout.

– Ça fiche les jetons, murmure Jojo.

Marcel allume les deux lampes et en tend une à Jacques. Il garde l'autre et, à quatre pattes, se met à progresser dans l'obscurité.

– Le souterrain continue de descendre ! crie-t-il aux trois garçons.

Ça sent la glaise humide. L'eau suinte sur la pierre d'une façon inquiétante.

Et, n'étaient les halos des deux lampes, tout serait plongé dans un noir d'encre.

– Et si ça s'effondre ? fait Simon. Peut-être qu'on ne devrait pas aller plus loin.
– Tu préfères nous attendre ? lui demande Jacques.
– Non, mais…
– Il fait froid. On se croirait dans un tombeau, renchérit Jojo.
– Et, en plus, on se mouille, dit Jacques.

– Et comment on va faire pour retrouver la sortie ? dit encore Simon.

– C'est un tunnel, répond Jacques. On ne risque pas de se tromper.

Derrière lui, Simon chuchote :

– Jacques… En plus, personne ne sait qu'on est là-dedans !

– Il est trop tard pour reculer.

Lui non plus n'est pas rassuré. Mais l'excitation est plus forte que la peur

Soudain, les trois garçons débouchent dans une vaste salle. À la lueur de la lampe de Marcel, ils aperçoivent, tout au bout, une étroite ouverture. Le jeune homme s'y faufile. Quelques secondes plus tard, il appelle ses jeunes amis, lesquels se dépêchent de ramper à sa suite pour découvrir… une gigantesque grotte.

– Qu'est-ce que c'est que ça ? fait Marcel en désignant une peinture rouge sur la paroi la plus proche de l'entrée.

Dans un murmure, Jacques répond :

– Une vache !

Un instant, l'énorme bête les effraie. Mais, en même temps, elle semble aussi veiller sur eux.

« Elle nous servira de repère pour retrouver notre chemin », pense Jacques.

– Mais c'est *quoi*, cet endroit ? souffle Simon.

Après un silence, Jacques dit :

– Je sais. À mon avis, cette vache a été peinte par des hommes préhistoriques. Mon maître, M. Laval, dit que les grottes étaient des lieux sacrés pour eux.

À mesure qu'ils se glissent dans d'autres passages, la lumière projetée par les lampes leur révèle de plus en plus d'animaux, certains colossaux, d'autres frêles. En soulevant sa lanterne vers une autre paroi, Jacques fait apparaître un renne.

– Ces peintures ne peuvent pas être aussi vieilles que tu le dis, fait Marcel. Elles ont l'air toutes neuves.

– Peut-être, mais en attendant ces animaux-là n'existent plus, réplique Jacques.

Ils rebroussent chemin et constatent que les parois de la première salle qu'ils ont traversée sont, elles aussi, couvertes de peintures.

Personne ne souffle mot.

Une fois qu'ils sont sortis de la grotte, Marcel reprend la direction des opérations:
– Il nous reste encore plein de salles à explorer. Demain, chacun vient avec sa lampe. Mais rappelez-vous: motus et bouche cousue!
Et tous jurent de ne rien révéler de leur découverte.
Sauf que, le lendemain matin, Simon arrive avec son petit frère, Maurice. Marcel est furieux.
– On est bien obligés de l'emmener, maintenant. Mais finis les bavardages! Cette grotte, elle est à nous!

Au cours de leur expédition, ils découvrent un autre long tunnel qui les entraîne loin de la grotte principale. Les peintures sont toujours plus nombreuses : ce sont des chevaux, des vaches, des taureaux, et des troupeaux entiers de cerfs.
Le tunnel aboutit à un étroit boyau terminé par un puits. Marcel a apporté une corde. Les garçons s'y arc-boutent pour lui permettre de descendre.

– Je vois un homme avec une tête d'oiseau ! crie-t-il, cramponné à la corde, tout en éclairant les peintures qui ornent la paroi. Il est blessé ! Je vois un bison – blessé aussi !
Naturellement, les autres ont envie de les voir, ces étranges images. Alors Marcel remonte et les fait descendre, l'un après l'autre, le long de la corde. Quand ils ont fini de regarder, il doit les hisser à la seule force de ses bras car l'humidité de la grotte a rendu la corde tellement glissante qu'elle est impraticable.

– C'est fini, dit-il après avoir remonté les quatre garçons. Le trésor du comte n'est pas caché ici.

– Mais si ! s'écrie Jacques. Le trésor est là, partout sur les parois de la grotte ! Et ce trésor a des milliers d'années. C'est ce que dit M. Laval. Il faut lui raconter.

– Non alors ! riposte Marcel. On l'a trouvé, il est à nous ! S'il est si formidable, ce trésor, on pourrait faire payer l'entrée et devenir riches ! Tandis que, si on en parle, on va nous le prendre !

Pendant les trois jours qui suivent, ils continuent d'explorer la grotte. Mais, le 16 septembre, quand ils remontent à la surface, plusieurs enfants du village les attendent.
– Lequel d'entre vous a parlé ? gronde Marcel. Lequel a trahi notre secret ?
– Peu importe, répond Jacques. Maintenant, trop de gens sont au courant. Il faut qu'on en parle à M. Laval. Lui, il saura quoi faire.
Marcel lui lance un regard écœuré. Puis il se résigne :
– C'est bon. Allons le voir.

Seulement M. Laval leur rit au nez.

– Vous partez chercher de l'or et vous revenez avec une grotte décorée ? Ce n'est pas gentil de se moquer d'un vieux bonhomme comme moi.

Jacques en est malade : comment son instituteur peut-il douter de leur bonne foi ? Alors M. Laval se laisse fléchir.

– Allez trouver Georges Estréguil. C'est un ancien élève à moi et un bon dessinateur. Demandez-lui de réaliser quelques croquis de votre découverte.

Aussitôt dit, aussitôt fait : Estréguil reporte soigneusement sur papier certaines des bêtes représentées dans la grotte principale. Le cœur battant, les garçons rapportent le carnet de croquis à l'instituteur et attendent…

– Très bien, dit enfin M. Laval. Allons jeter un œil à ces peintures.

Quasiment tous les gamins de la ville leur emboîtent le pas et descendent dans la grotte. Tous attendent en silence le verdict de l'instituteur, qui examine les peintures. Il en a le souffle coupé.

– Splendide ! dit-il enfin. Le plus bel exemple d'art pariétal que j'aie jamais vu ! Et dans un état de conservation parfait ! C'est un trésor que nos ancêtres lèguent à l'humanité tout entière !

Il ajoute ensuite que le plus grand expert français en art de la préhistoire, l'abbé Henri Breuil, habite la région depuis qu'il a fui Paris. Alors les garçons élargissent encore davantage l'entrée de la grotte et y installent une échelle pour en faciliter l'accès à l'abbé.

En découvrant les peintures, l'abbé Breuil s'exclame :
– Je remercie le Ciel d'avoir vécu assez longtemps pour voir ça ! Vous êtes de braves petits ! Je vous confie ce lieu sacré. Protégez-le ! Que personne ne vienne l'abîmer.
Les garçons bloquent l'entrée de la grotte avec une barrière et, pendant des mois, ils dorment là, toutes les nuits, sous la tente. Il n'y aura pas de graffitis à Lascaux !

Les journaux du monde entier rendent compte de leur trouvaille. À l'époque, la guerre fait rage, pourtant ce sont des dizaines, puis des centaines de personnes qui viennent admirer ces peintures si parfaitement conservées et s'imprégner de leur mystérieux pouvoir. Après les vacances, quand Jojo et Simon seront rentrés à Paris, Marcel et Jacques resteront les seuls guides de leur trésor. Ils ne seront pas peu fiers. On parlera d'eux comme de héros.
Après la guerre, ils se verront confier la responsabilité de la grotte et de ses millions de visiteurs. Lascaux aura à tout jamais changé leur vie.

Pour en savoir plus

L'abbé Breuil (debout, troisième homme en partant de la droite) entouré de Jacques Marsal (assis devant à gauche), Marcel Ravidat (assis à droite) dans la salle des taureaux de la grotte de Lascaux.

Jacques Marsal et Marcel Ravidat ont consigné leurs souvenirs de la découverte de Lascaux. L'abbé Henri Breuil et Léon Laval aussi. Dans les décennies qui suivirent, chacun répondit à plusieurs interviews – il en résulta naturellement différentes versions de l'histoire. Ce livre est une reconstitution imaginaire fondée sur les témoignages livrés par les uns et par les autres.

Quelques mois après sa découverte, la grotte de Lascaux fut fermée à cause de la guerre. Jacques Marsal fut envoyé en Allemagne au titre du STO (service du travail obligatoire). Marcel Ravidat prit le maquis. Simon Coencas et sa famille décidèrent de retourner vivre à Paris. Simon fut sauvé par la Croix-Rouge française, mais ses parents moururent dans un camp de concentration. Quant à Georges Agnel, la guerre l'empêcha de revenir à Montignac rendre visite à sa grand-mère.

La Résistance utilisa Lascaux comme une cache d'armes. Puis, en 1948, sa réouverture

Lascaux II. *Bout de la grande salle des taureaux et entrée du diverticule, avec, sur la paroi gauche, la représentation d'un taureau (aurochs).*

L'abbé Breuil assis et, à droite, avec les découvreurs de la grotte.

Lascaux, diverticule axial, espace aux dimensions modestes, considéré comme « la chapelle Sixtine de la préhistoire ». Paroi de gauche. Le grand taureau noir. C'est une œuvre monumentale (1,93 m de haut et 3,71 m de large). L'échine, la queue et l'encolure ont été tracées au pinceau. Le reste relève de la méthode de la pulvérisation.

Lascaux, diverticule axial. Paroi de gauche. Vache rouge à collerette noire. Animal complet à l'exception des sabots. Représentation élégante. On remarque un dédoublement de la ligne dorsale au pinceau. Le premier trait provoquait une représentation trop ramassée de l'animal. La seconde intervention, par la peinture, procède à un allongement de la forme générale de la figure pour lui redonner des proportions idéales.

Lascaux II, grande salle ou rotonde des taureaux, paroi de gauche. C'est l'une des plus célèbres scènes de la grotte. Trois types d'animaux sont représentés : des chevaux, des bovidés et des cerfs. Il s'y ajoute un quadrupède, le premier à gauche, que l'on a du mal à reconnaître, appelé « la licorne ». La paroi paraît se subdiviser en trois registres superposés. Le décor est clairsemé sur les premiers mètres et se densifie, notamment au milieu de la salle. Il regroupe un nombre important de figures. Les spécialistes en ont relevé 130 ! L'iconographie de la paroi est dominée par deux grands taureaux qui sont placés l'un en face de l'autre. Le premier est un très grand aurochs incomplet, le second, proche du diverticule, est entier. Ces œuvres sont les plus monumentales de l'art pariétal paléolithique. Ces deux animaux ont été tracés après les chevaux. Les artistes se sont servis des différences de coloration du support et de l'orientation de la paroi pour créer une ligne de base sur laquelle une bonne partie des animaux semblent circuler.

au public constitua un véritable renouveau pour la France et pour la communauté des nations. Jacques et Marcel pilotèrent les premiers visiteurs et devinrent les gardiens et les guides attitrés de la grotte.

On connaissait, dans les environs de Montignac, d'autres cavernes ornées de peintures, mais Lascaux était la seule où les couleurs étaient restées intactes. Scellée par un éboulement pendant dix-sept mille ans, elle avait été protégée des infiltrations d'eau par une couche de marne imperméable qui avait empêché ses quelque six cents peintures et mille cinq cents gravures de se détériorer.

Mais les chaussures des visiteurs, la chaleur et l'humidité de leurs corps, de leurs souffles, introduisirent dans la grotte des micro-organismes qui commencèrent à dévorer les fresques. En 1963, le ministère de la Culture décida de fermer Lascaux, où ne furent plus autorisés à pénétrer qu'une poignée de scientifiques.

© photo : Charles & Josette Lenars/CORBIS

Lascaux, puits. Homme et oiseau. C'est la seule représentation humaine de la grotte. Son tronc et ses membres sont filiformes, tracés à l'aide d'oxyde de manganèse. Les quatre doigts de chaque main se répartissent en éventail. Son sexe est ostensiblement marqué. Son corps est incliné à 45°, position provoquée par le bison voisin blessé qui semble le charger ? Au-dessous de cet homme, un oiseau est représenté, perché sur un roseau. Il est réalisé de la même manière que le personnage et ils semblent avoir la même tête ! Est-ce un oiseau accompagnant les âmes, comme on le remarque parfois dans certaines sociétés primitives ou antiques ?

Vingt ans plus tard, en 1983, Lascaux II, minutieuse réplique de la salle des taureaux et de la galerie peinte, ouvrait ses portes au public.

Au XIXe siècle, on pensait la Terre vieille de six mille ans seulement. Quant aux peintures pariétales, elles ne pouvaient être que l'œuvre de plaisantins. C'est en 1902, après la découverte de plusieurs grottes dans le sud de la France et le nord de l'Espagne, qu'Émile Cartailhac, archéologue éminent, reconnut s'être trompé en niant l'authenticité des peintures de la grotte d'Altamira, en Espagne : oui, ces fresques avaient bien été réalisées par des hommes préhistoriques.

Mais étaient-elles de l'art ? Pour ces archéologues de la préhistoire, la définition même de l'évolution semblait démontrer le contraire : en effet, si les aptitudes humaines évoluaient en même temps que l'espèce, comment les premiers hommes auraient-ils pu créer un art aussi abouti ? Et si ce n'était pas de l'art, qu'était-ce donc ?

L'abbé Henri Breuil avança l'hypothèse suivante : les chasseurs représentaient leurs proies pour mieux les dominer ou pour en augmenter le nombre. Depuis, d'autres idées ont circulé, notamment celle selon laquelle des chamans auraient utilisé les grottes pour leurs transes. De nos jours, tout le monde s'accorde à penser que les peintures pariétales procèdent d'un souci purement artistique. On estime que l'art apparut pour la première fois sur Terre il y a trente-cinq mille ans.

Les silhouettes des animaux représentés suivaient souvent le relief des parois de pierre. Les peintres devaient en graver les contours avec des silex taillés. Ils mélangeaient les pigments naturels (rouges, ocre et noirs, le plus souvent), qu'ils tiraient de certains végétaux et minéraux. Ils les appliquaient suivant la technique du pochoir, en soufflant les couleurs à l'aide d'un os ou d'un roseau creux, ou en les badigeonnant avec des pinceaux, sortes de chiffons de peau ou de poil, des crayons à base de manganèse ou encore, tout simplement,

Ci-dessus : Lascaux, nef, paroi de droite. Scène dite des cerfs nageant. Cinq têtes de cerf réalisées au pinceau, à grands traits. Les quatre premières sont de couleur noire (dioxyde de manganèse), la dernière est ocrée (sans doute utilisation d'argile). Les cerfs semblent traverser une rivière en nageant.

Ci-contre : Lascaux, diverticule droit, paroi droite. Le Cerf noir. Seule la partie supérieure de l'animal est représentée. La tête a été très finement exécutée. Le cerf a la bouche ouverte et, autour, on distingue comme un petit nuage rouge qui pourrait représenter son souffle. Ainsi, avec ses bois rejetés vers l'arrière, on peut soutenir l'hypothèse que l'animal brame. L'extrémité des cors et la courbe de la croupe sont tracées au pinceau tandis que la tête et le corps ont été traités au soufflé (peinture soufflée pour obtenir des contours diffus ou des dégradés de couleur) et au pochoir.

Lascaux, nef, paroi gauche. Les bisons adossés. Ces deux bisons mâles sont peints en miroir. Les membres inférieurs sont détachés du corps pour donner un effet de perspective.

Combien, parmi les visiteurs du site de la grotte de Lascaux II, réalisent qu'il s'agit d'une copie parfaite ?

avec les doigts. Pour avoir de la lumière, ils brûlaient des graisses dans des lampes de pierre et construisaient sans doute des échafaudages pour accéder aux parois les plus hautes.

Aucune de ces photographies ne peut vraiment restituer la puissance envoûtante de ces fresques.

Lampe brûloir en grès rouge, trouvée dans la grotte de Lascaux. Les Eyzies-de-Tayac, musée national de la préhistoire.

Caractéristiques de la grotte

L'entrée de la grotte de Lascaux, à 185 m d'altitude, domine de 110 m le fond de la vallée de la Vézère (Dordogne). La grotte ne mesure que 150 m, mais ses galeries sont particulièrement larges et hautes. L'ensemble des galeries accessibles à l'homme n'excède pas 235 m. C'est une grotte à couloir avec un diverticule et un puits. La rotonde et le diverticule axial sont décorés de peintures reposant sur la calcite blanche des parois. Les autres parties de la grotte présentent des gravures dessinées sur les parois calcaires. Le sol de Lascaux est en pente avec une dénivellation de – 13 m à l'extrémité du diverticule axial et de - 19 m au bas du puits. Celui-ci, mis à mal par les premiers visiteurs, ne comporte qu'une seule couche archéologique. On y a retrouvé l'outillage des artistes, des outils en silex, des sagaies, des objets de parure, des lampes.

La grotte a été fermée par un sas comportant deux portes étanches. La température (13°C), le degré hygrométrique (98%) et la quantité de gaz carbonique (1%) demeurent constants. Des mesures prophylactiques empêchent l'apparition des mousses et des bactéries et permettent d'éviter que ne disparaissent des peintures restées pendant 17 000 ans intactes.

N
peintures
diverticule axial
peintures
peintures
salle des taureaux
passage
peintures et gravures
entrée
sas